35 fables

JEAN DE LA FONTAINE

35 fables

ILLUSTRATIONS DE GWEN KERAVAL

Dossier pédagogique de Cécile Dusserre-Telmond

Castor Poche

Pour la présente édition et les illustrations :
© 2012, Flammarion
87, quai Panhard-et-Levassor – 75647 Paris Cedex 13
ISBN : 978-2-0812-6586-8

La Cigale
et la Fourmi

La Cigale, ayant chanté
Tout l'été,
Se trouva fort dépourvue
Quand la bise fut venue :
Pas un seul petit morceau
De mouche ou de vermisseau.
Elle alla crier famine
Chez la Fourmi sa voisine,
La priant de lui prêter

Quelque grain pour subsister
Jusqu'à la saison nouvelle.
« Je vous paierai, lui dit-elle,
Avant l'août, foi d'animal,
Intérêt et principal. »
La Fourmi n'est pas prêteuse ;
C'est là son moindre défaut.
« Que faisiez-vous au temps chaud ?
Dit-elle à cette emprunteuse.
— Nuit et jour à tout venant
Je chantais, ne vous déplaise.
— Vous chantiez ? J'en suis fort aise :
Eh bien ! dansez maintenant. »

Livre I – Fable I

Le Corbeau
et le Renard

Maître Corbeau, sur un arbre perché,
   Tenait en son bec un fromage.
Maître Renard, par l'odeur alléché,
   Lui tint à peu près ce langage :
« Et bonjour, Monsieur du Corbeau.
Que vous êtes joli ! que vous me semblez beau !
   Sans mentir, si votre ramage
   Se rapporte à votre plumage,
Vous êtes le Phénix des hôtes de ces bois. »

À ces mots le Corbeau ne se sent pas de joie,
   Et pour montrer sa belle voix,
Il ouvre un large bec, laisse tomber sa proie.
Le Renard s'en saisit, et dit : « Mon bon
                              [Monsieur,
   Apprenez que tout flatteur
   Vit aux dépens de celui qui l'écoute.
Cette leçon vaut bien un fromage sans doute. »
   Le Corbeau honteux et confus
Jura, mais un peu tard, qu'on ne l'y prendrait
                              [plus.

Livre I – Fable II

Le Lièvre
et la Tortue

Rien ne sert de courir ; il faut partir à point.
Le Lièvre et la Tortue en sont un témoignage.
« Gageons, dit celle-ci, que vous n'atteindrez
                                                    [point
Si tôt que moi ce but. – Sitôt ? Êtes-vous sage ?
    Repartit l'Animal léger.
    Ma Commère, il vous faut purger
    Avec quatre grains d'ellébore.
    — Sage ou non, je parie encore. »

Ainsi fut fait : et de tous deux

On mit près du but les enjeux.

Savoir quoi, ce n'est pas l'affaire ;

Ni de quel juge l'on convint.

Notre Lièvre n'avait que quatre pas à faire ;

J'entends de ceux qu'il fait lorsque prêt d'être

[atteint

Il s'éloigne des Chiens, les renvoie aux calendes,

Et leur fait arpenter les landes.

Ayant, dis-je, du temps de reste pour brouter,

Pour dormir, et pour écouter

D'où vient le vent, il laisse la Tortue

Aller son train de Sénateur.

Elle part, elle s'évertue ;

Elle se hâte avec lenteur.

Lui cependant méprise une telle victoire,

Tient la gageure à peu de gloire ;

Croit qu'il y va de son honneur

De partir tard. Il broute, il se repose,

Il s'amuse à tout autre chose

Qu'à la gageure. À la fin quand il vit

Que l'autre touchait presque au bout de la
[carrière,
Il partit comme un trait ; mais les élans qu'il fit
Furent vains : la Tortue arriva la première.
« Eh bien ! lui cria-t-elle, avais-je pas raison ?
    De quoi vous sert votre vitesse ?
    Moi l'emporter ! et que serait-ce
    Si vous portiez une maison ? »

Livre VI – Fable X

Le Renard
et les raisins

Certain Renard Gascon, d'autres disent
[Normand,
Mourant presque de faim, vit au haut d'une
[treille
Des raisins mûrs apparemment
Et couverts d'une peau vermeille.
Le Galant en eût fait volontiers un repas ;
Mais comme il n'y pouvait atteindre :

« Ils sont trop verts, dit-il, et bons pour des
[goujats. »

Fit-il pas mieux que de se plaindre ?

Livre III – Fable XI

Le Lion
et le Moucheron

« **V**a-t'en, chétif Insecte, excrément de la
[terre ! »
C'est en ces mots que le Lion
Parlait un jour au Moucheron.
L'autre lui déclara la guerre.
« Penses-tu, lui dit-il, que ton titre de Roi
Me fasse peur ni me soucie ?
Un Bœuf est plus puissant que toi,
Je le mène à ma fantaisie. »

À peine il achevait ces mots
Que lui-même il sonna la charge,
Fut le Trompette et le Héros.
Dans l'abord il se met au large ;
Puis prend son temps, fond sur le cou
Du Lion, qu'il rend presque fou.
Le Quadrupède écume, et son œil étincelle ;
Il rugit ; on se cache, on tremble à l'environ ;
Et cette alarme universelle
Est l'ouvrage d'un Moucheron.
Un avorton de Mouche en cent lieux le
[harcelle :
Tantôt pique l'échine, et tantôt le museau,
Tantôt entre au fond du naseau.
La rage alors se trouve à son faîte montée.
L'invisible ennemi triomphe, et rit de voir
Qu'il n'est griffe ni dent en la bête irritée
Qui de la mettre en sang ne fasse son devoir.
Le malheureux Lion se déchire lui-même,
Fait résonner sa queue à l'entour de ses flancs,
Bat l'air, qui n'en peut mais ; et sa fureur
[extrême

Le fatigue, l'abat : le voilà sur les dents.
L'Insecte du combat se retire avec gloire :
Comme il sonna la charge, il sonne la victoire,
Va partout l'annoncer, et rencontre en chemin
    L'embuscade d'une Araignée :
    Il y rencontre aussi sa fin.

Quelle chose par là nous peut être enseignée ?
J'en vois deux, dont l'une est qu'entre nos
                                    [ennemis
Les plus à craindre sont souvent les plus petits ;
L'autre, qu'aux grands périls tel a pu se
                                    [soustraire,
    Qui périt pour la moindre affaire.

Livre II – Fable IX

La Grenouille qui se veut faire aussi grosse que le Bœuf

Une Grenouille vit un Bœuf
Qui lui sembla de belle taille.
Elle, qui n'était pas grosse en tout comme un
[œuf,
Envieuse, s'étend, et s'enfle, et se travaille,
Pour égaler l'animal en grosseur,

Disant : « Regardez bien, ma sœur ;
Est-ce assez ? dites-moi ; n'y suis-je point
                              [encore ?
— Nenni. — M'y voici donc ? — Point du
                              [tout. — M'y voilà ?
— Vous n'en approchez point. » La chétive
                              [Pécore
S'enfla si bien qu'elle creva.

Le monde est plein de gens qui ne sont pas
                              [plus sages :
Tout Bourgeois veut bâtir comme les grands
                              [Seigneurs,
Tout petit Prince a des Ambassadeurs,
Tout Marquis veut avoir des Pages.

Livre I – Fable III

Le Rat de ville
et le Rat des champs

Autrefois le Rat de ville
Invita le Rat des champs,
D'une façon fort civile,
À des reliefs d'Ortolans.

Sur un tapis de Turquie
Le couvert se trouva mis.
Je laisse à penser la vie
Que firent ces deux amis.

Le régal fut fort honnête,
Rien ne manquait au festin ;
Mais quelqu'un troubla la fête
Pendant qu'ils étaient en train.

À la porte de la salle
Ils entendirent du bruit :
Le Rat de ville détale ;
Son camarade le suit.

Le bruit cesse, on se retire :
Rats en campagne aussitôt ;
Et le Citadin de dire :
« Achevons tout notre rôt.

— C'est assez, dit le Rustique ;
Demain vous viendrez chez moi :
Ce n'est pas que je me pique
De tous vos festins de Roi ;

Mais rien ne vient m'interrompre ;
Je mange tout à loisir.
Adieu donc ; fi du plaisir
Que la crainte peut corrompre ! »

Livre I – Fable IX

La Montagne qui accouche

Une Montagne en mal d'enfant
Jetait une clameur si haute,
Que chacun au bruit accourant
Crut qu'elle accoucherait, sans faute,
D'une Cité plus grosse que Paris :
Elle accoucha d'une Souris.

Quand je songe à cette Fable,
Dont le récit est menteur

Et le sens est véritable,
Je me figure un auteur
Qui dit : « Je chanterai la guerre
Que firent les Titans au Maître du tonnerre. »
C'est promettre beaucoup : mais qu'en sort-il
                                    [souvent ?
Du vent.

Livre V – Fable X

Le Héron

Un jour, sur ses longs pieds, allait je ne sais
[où,
Le Héron au long bec emmanché d'un long cou.
  Il côtoyait une rivière.
L'onde était transparente ainsi qu'aux plus
[beaux jours ;
Ma commère la Carpe y faisait mille tours
  Avec le Brochet son compère.
Le Héron en eût fait aisément son profit :

Tous approchaient du bord, l'Oiseau n'avait
[qu'à prendre ;
Mais il crut mieux faire d'attendre
Qu'il eût un peu plus d'appétit.
Il vivait de régime, et mangeait à ses heures.
Après quelques moments l'appétit vint ; l'Oiseau
S'approchant du bord vit sur l'eau
Des Tanches qui sortaient du fond de ces
[demeures.
Le mets ne lui plut pas ; il s'attendait à mieux,
Et montrait un goût dédaigneux
Comme le Rat du bon Horace.
« Moi des Tanches ? dit-il, moi Héron que
[je fasse
Une si pauvre chère ? Et pour qui me
[prend-on ? »
La Tanche rebutée, il trouva du Goujon.
« Du Goujon ! c'est bien là le dîner d'un Héron !
J'ouvrirais pour si peu le bec ! aux Dieux
[ne plaise ! »
Il l'ouvrit pour bien moins : tout alla de façon
Qu'il ne vit plus aucun Poisson.

La faim le prit ; il fut tout heureux et tout aise
   De rencontrer un Limaçon.

   Ne soyons pas si difficiles :
Les plus accommodants, ce sont les plus
                        [habiles :
On hasarde de perdre en voulant trop gagner.
   Gardez-vous de rien dédaigner ;
Surtout quand vous avez à peu près votre
                        [compte.
Bien des gens y sont pris ; ce n'est pas aux
                        [Hérons
Que je parle ; écoutez, humains, un autre conte :
Vous verrez que chez vous j'ai puisé ces leçons.

Livre VII – Fable IV

La Fille

Certaine Fille un peu trop fière
    Prétendait trouver un mari
Jeune, bien fait et beau, d'agréable manière.
Point froid et point jaloux ; notez ces deux
                           [points-ci.
    Cette fille voulait aussi
    Qu'il eût du bien, de la naissance,
De l'esprit, enfin tout. Mais qui peut tout avoir ?
Le Destin se montra soigneux de la pourvoir :
    Il vint des partis d'importance.

La Belle les trouva trop chétifs de moitié.
« Quoi moi ? quoi ces gens-là ? l'on radote,
                              [je pense.
À moi les proposer ! hélas ils font pitié.
    Voyez un peu la belle espèce ! »
L'un n'avait en l'esprit nulle délicatesse ;
L'autre avait le nez fait de cette façon-là ;
    C'était ceci, c'était cela,
    C'était tout ; car les précieuses
    Font dessus tout les dédaigneuses.
Après les bons partis, les médiocres gens
    Vinrent se mettre sur les rangs.
Elle de se moquer. « Ah vraiment, je suis bonne
    De leur ouvrir la porte : ils pensent que
                              [je suis
    Fort en peine de ma personne.
    Grâce à Dieu, je passe les nuits
    Sans chagrin, quoique en solitude. »
La Belle se sut gré de tous ces sentiments.
L'âge la fit déchoir : adieu tous les amants.
Un an se passe et deux avec inquiétude.
Le chagrin vient ensuite : elle sent chaque jour

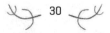

Déloger quelques Ris, quelques Jeux, puis
                              [l'Amour ;
   Puis ses traits choquer et déplaire ;
Puis cent sortes de fards. Ses soins ne purent
                              [faire
Qu'elle échappât au temps cet insigne larron :
   Les ruines d'une maison
Se peuvent réparer ; que n'est cet avantage
   Pour les ruines du visage !
Sa préciosité changea lors de langage.
Son miroir lui disait : « Prenez vite un mari. »
Je ne sais quel désir le lui disait aussi ;
Le désir peut loger chez une précieuse.
Celle-ci fit un choix qu'on n'aurait jamais cru,
Se trouvant à la fin tout aise et tout heureuse
   De rencontrer un malotru.

Livre VII – Fable IV

La Belette entrée dans un grenier

Damoiselle Belette, au corps long et flouet,
Entra dans un grenier par un trou fort étret :
    Elle sortait de maladie.
    Là vivant à discrétion,
    La galante fit chère lie,
    Mangea, rongea : Dieu sait la vie,
Et le lard qui périt en cette occasion.
    La voilà pour conclusion
    Grasse, maflue et rebondie.

Au bout de la semaine ayant dîné son soû,
Elle entend quelque bruit, veut sortir par le trou,
Ne peut plus repasser, et croit s'être méprise.
   Après avoir fait quelques tours,
« C'est, dit-elle, l'endroit, me voilà bien
                       [surprise ;
J'ai passé par ici depuis cinq ou six jours. »
   Un Rat qui la voyait en peine,
Lui dit : « Vous aviez lors la panse un peu
                      [moins pleine.
Vous êtes maigre entrée, il faut maigre sortir.
Ce que je vous dis là, l'on le dit à bien d'autres ;
Mais ne confondons point, par trop
                     [approfondir,
   Leurs affaires avec les vôtres. »

Livre III – Fable XVII

La Tortue
et les deux Canards

Une Tortue était, à la tête légère,
Qui lasse de son trou voulut voir le pays.
Volontiers on fait cas d'une terre étrangère :
Volontiers gens boiteux haïssent le logis.
    Deux Canards à qui la commère
    Communiqua ce beau dessein,
Lui dirent qu'ils avaient de quoi la satisfaire :
    « Voyez-vous ce large chemin ?
Nous vous voiturerons par l'air en Amérique.

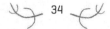

Vous verrez mainte République,
Maint Royaume, maint peuple ; et vous
                              [profiterez
Des différentes mœurs que vous remarquerez.
Ulysse en fit autant. » On ne s'attendait guère
    De voir Ulysse en cette affaire.
La Tortue écouta la proposition.
Marché fait, les Oiseaux forgent une machine
    Pour transporter la pèlerine.
Dans la gueule en travers on lui passe un bâton.
« Serrez bien, dirent-ils ; gardez de lâcher
                              [prise. »
Puis chaque Canard prend ce bâton par un bout.
La Tortue enlevée on s'étonne partout
    De voir aller en cette guise
    L'animal lent et sa maison,
Justement au milieu de l'un et l'autre Oison.
« Miracle, criait-on ; Venez voir dans les nues
    Passer la Reine des Tortues.
— La Reine : vraiment oui. Je la suis en effet ;
Ne vous en moquez point. » Elle eût beaucoup
                              [mieux fait

De passer son chemin sans dire aucune chose ;
Car lâchant le bâton en desserrant les dents,
Elle tombe, elle crève aux pieds des regardants.
Son indiscrétion de sa perte fut cause.
Imprudence, babil, et sotte vanité,
    Et vaine curiosité
    Ont ensemble étroit parentage ;
    Ce sont enfants tous d'un lignage.

Livre X – Fable II

La Poule
aux œufs d'or

L'Avarice perd tout en voulant tout gagner.

   Je ne veux, pour le témoigner,

Que celui dont la Poule, à ce que dit la fable,

   Pondait tous les jours un œuf d'or.

Il crut que dans son corps elle avait un trésor.

Il la tua, l'ouvrit, et la trouva semblable

À celles dont les œufs ne lui rapportaient rien,

S'étant lui-même ôté le plus beau de son bien.

   Belle leçon pour les gens chiches :

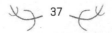

Pendant ces derniers temps combien en
[a-t-on vus
Qui du soir au matin sont pauvres devenus
Pour vouloir trop tôt être riches ?

Livre V – Fable XIII

Le Coche
et la Mouche

Dans un chemin montant, sablonneux,
[malaisé,
Et de tous les côtés au soleil exposé,
    Six forts Chevaux tiraient un Coche.
Femmes, Moine, Vieillards, tout était descendu.
L'attelage suait, soufflait, était rendu.
Une Mouche survient, et des Chevaux
[s'approche ;
Prétend les animer par son bourdonnement ;

Pique l'un, pique l'autre, et pense à tout
                                    [moment
    Qu'elle fait aller la machine,
S'assied sur le timon, sur le nez du Cocher ;
    Aussitôt que le char chemine,
    Et qu'elle voit les gens marcher,
Elle s'en attribue uniquement la gloire ;
Va, vient, fait l'empressée ; il semble que ce soit
Un Sergent de bataille allant en chaque endroit
Faire avancer ses gens, et hâter la victoire.
    La Mouche en ce commun besoin
Se plaint qu'elle agit seule, et qu'elle a tout le
                                    [soin ;
Qu'aucun n'aide aux Chevaux à se tirer
                                    [d'affaire.
    Le Moine disait son bréviaire ;
Il prenait bien son temps ! une femme chantait ;
C'était bien de chansons qu'alors il s'agissait !
Dame Mouche s'en va chanter à leurs oreilles,
    Et fait cent sottises pareilles.
Après bien du travail le Coche arrive au haut.
« Respirons maintenant, dit la Mouche aussitôt :

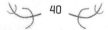

J'ai tant fait que nos gens sont enfin dans la
[plaine.
Ça, Messieurs les Chevaux, payez-moi de ma
[peine. »

Ainsi certaines gens, faisant les empressés,
    S'introduisent dans les affaires :
    Ils font partout les nécessaires,
Et, partout importuns, devraient être chassés.

Livre VII – Fable VIII

Le Cerf
se voyant dans l'eau

Dans le cristal d'une fontaine
  Un Cerf se mirant autrefois
  Louait la beauté de son bois,
  Et ne pouvait qu'avecque peine
  Souffrir ses jambes de fuseaux,
Dont il voyait l'objet se perdre dans les eaux.
« Quelle proportion de mes pieds à ma tête !
Disait-il en voyant leur ombre avec douleur :

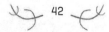

Des taillis les plus hauts mon front atteint
[le faîte ;
Mes pieds ne me font point d'honneur. »
Tout en parlant de la sorte,
Un Limier le fait partir.
Il tâche à se garantir ;
Dans les forêts il s'emporte.
Son bois, dommageable ornement,
L'arrêtant à chaque moment,
Nuit à l'office que lui rendent
Ses pieds, de qui ses jours dépendent.
Il se dédit alors, et maudit les présents
Que le Ciel lui fait tous les ans.

Nous faisons cas du beau, nous méprisons
[l'utile ;
Et le beau souvent nous détruit.
Ce Cerf blâme ses pieds qui le rendent agile ;
Il estime un bois qui lui nuit.

Livre VI – Fable IX

Le Chat, la Belette, et le petit Lapin

Du palais d'un jeune Lapin
Dame Belette un beau matin
S'empara ; c'est une rusée.
Le Maître étant absent, ce lui fut chose aisée.
Elle porta chez lui ses pénates un jour
Qu'il était allé faire à l'Aurore sa cour,
   Parmi le thym et la rosée.
Après qu'il eut brouté, trotté, fait tous ses tours,
Janot Lapin retourne aux souterrains séjours.

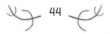

La Belette avait mis le nez à la fenêtre.
« Ô Dieux hospitaliers, que vois-je ici paraître ?
Dit l'animal chassé du paternel logis :
    Ô là, madame la Belette,
    Que l'on déloge sans trompette,
Ou je vais avertir tous les Rats du pays. »
La Dame au nez pointu répondit que la terre
    Était au premier occupant.
    C'était un beau sujet de guerre
Qu'un logis où lui-même il n'entrait qu'en
                                    [rampant.
    « Et quand ce serait un royaume
Je voudrais bien savoir, dit-elle, quelle loi
    En a pour toujours fait l'octroi
À Jean fils ou neveu de Pierre ou de Guillaume,
    Plutôt qu'à Paul, plutôt qu'à moi. »
Jean Lapin allégua la coutume et l'usage.
« Ce sont, dit-il, leurs lois qui m'ont de ce logis
Rendu maître et seigneur, et qui de père en fils,
L'ont de Pierre à Simon, puis à moi Jean
                                    [transmis.
Le premier occupant est-ce une loi plus sage ?

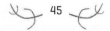

— Or bien sans crier davantage,
Rapportons-nous, dit-elle, à Raminagrobis. »
C'était un Chat vivant comme un dévot ermite,
    Un Chat faisant la chattemite,
Un saint homme de Chat, bien fourré, gros et
                                      [gras,
    Arbitre expert sur tous les cas.
    Jean Lapin pour juge l'agrée.
    Les voilà tous deux arrivés
    Devant Sa Majesté fourrée.
Grippeminaud leur dit : « Mes enfants,
                            [approchez,
Approchez ; je suis sourd ; les ans en sont
                            [la cause. »
L'un et l'autre approcha ne craignant nulle
                            [chose.
Aussitôt qu'à portée il vit les contestants,
    Grippeminaud le bon apôtre
Jetant des deux côtés la griffe en même temps,
Mit les plaideurs d'accord en croquant l'un
                            [et l'autre.

Ceci ressemble fort aux débats qu'ont parfois
Les petits Souverains se rapportant aux Rois.

Livre VII – Fable XV

Les Voleurs et l'Âne

Pour un Âne enlevé deux Voleurs se battaient :
L'un voulait le garder ; l'autre le voulait vendre.
  Tandis que coups de poing trottaient,
Et que nos champions songeaient à se défendre,
    Arrive un troisième Larron
    Qui saisit Maître Aliboron.
L'Âne, c'est quelquefois une pauvre Province :
    Les Voleurs sont tel ou tel Prince,
Comme le Transylvain, le Turc et le Hongrois.
    Au lieu de deux j'en ai rencontré trois :

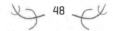

Il est assez de cette marchandise.
De nul d'eux n'est souvent la Province
[conquise :
Un quart Voleur survient, qui les accorde net
En se saisissant du Baudet.

Livre I – Fable XIII

La Laitière
et le pot au lait

Perrette sur sa tête ayant un pot au lait
   Bien posé sur un coussinet,
Prétendait arriver sans encombre à la ville.
Légère et court vêtue elle allait à grands pas ;
Ayant mis ce jour-là pour être plus agile
   Cotillon simple, et souliers plats.
   Notre Laitière ainsi troussée
   Comptait déjà dans sa pensée
Tout le prix de son lait, en employait l'argent,

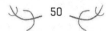

Achetait un cent d'œufs, faisait triple couvée ;
La chose allait à bien par son soin diligent.
  « Il m'est, disait-elle, facile,
D'élever des poulets autour de ma maison :
  Le renard sera bien habile,
S'il ne m'en laisse assez pour avoir un cochon.
Le porc à s'engraisser coûtera peu de son ;
Il était quand je l'eus de grosseur raisonnable :
J'aurai le revendant de l'argent bel et bon ;
Et qui m'empêchera de mettre en notre étable,
Vu le prix dont il est, une vache et son veau,
Que je verrai sauter au milieu du troupeau ? »
Perrette là-dessus saute aussi, transportée.
Le lait tombe ; adieu veau, vache, cochon,
                                    [couvée ;
La Dame de ces biens, quittant d'un œil marri
    Sa fortune ainsi répandue,
    Va s'excuser à son mari
    En grand danger d'être battue.
    Le récit en farce en fut fait ;
    On l'appela le Pot au lait.

Quel esprit ne bat la campagne ?
Qui ne fait châteaux en Espagne ?
Picrochole, Pyrrhus, la Laitière, enfin tous,
Autant les sages que les fous ?
Chacun songe en veillant, il n'est rien de plus
[doux :
Une flatteuse erreur emporte alors nos âmes :
Tout le bien du monde est à nous,
Tous les honneurs, toutes les femmes.
Quand je suis seul, je fais au plus brave un défi ;
Je m'écarte, je vais détrôner le Sophi,
On m'élit Roi, mon peuple m'aime ;
Les diadèmes vont sur ma tête pleuvant :
Quelque accident fait-il que je rentre en
[moi-même ;
Je suis Gros-Jean comme devant.

Livre VII – Fable IX

Le Lion et le Rat

Il faut autant qu'on peut obliger tout le
                                    [monde :
On a souvent besoin d'un plus petit que soi.
De cette vérité deux Fables feront foi,
    Tant la chose en preuves abonde.

    Entre les pattes d'un Lion,
Un Rat sortit de terre assez à l'étourdie.
Le Roi des animaux en cette occasion
Montra ce qu'il était, et lui donna la vie.

Ce bienfait ne fut pas perdu.
Quelqu'un aurait-il jamais cru
Qu'un Lion d'un Rat eût affaire ?
Cependant il avint qu'au sortir des forêts
Ce Lion fut pris dans des rets,
Dont ses rugissements ne le purent défaire.
Sire Rat accourut, et fit tant par ses dents
Qu'une maille rongée emporta tout l'ouvrage.
Patience et longueur de temps
Font plus que force ni que rage.

Livre II – Fable XI

La Colombe
et la Fourmi

L'autre exemple est tiré d'Animaux plus petits.

Le long d'un clair ruisseau buvait une Colombe,
Quand sur l'eau se penchant une Fourmi
                         [y tombe ;
Et dans cet océan l'on eût vu la Fourmi
S'efforcer, mais en vain, de regagner la rive.
La Colombe aussitôt usa de charité :
Un brin d'herbe dans l'eau par elle étant jeté,

Ce fut un promontoire où la Fourmi arrive.
    Elle se sauve ; et là-dessus
Passe un certain Croquant qui marchait les
                             [pieds nus.
Ce Croquant par hasard avait une arbalète.
    Dès qu'il voit l'Oiseau de Vénus,
Il le croit en son pot, et déjà lui fait fête.
Tandis qu'à le tuer mon Villageois s'apprête,
    La Fourmi le pique au talon.
    Le Vilain retourne la tête.
La Colombe l'entend, part, et tire de long.
Le soupé du Croquant avec elle s'envole :
    Point de Pigeon pour une obole.

Livre II – Fable XII

Le Chêne
et le Roseau

Le Chêne un jour dit au Roseau :
« Vous avez bien sujet d'accuser la Nature ;
Un Roitelet pour vous est un pesant fardeau.
   Le moindre vent qui d'aventure
   Fait rider la face de l'eau
   Vous oblige à baisser la tête :
Cependant que mon front, au Caucase pareil,
Non content d'arrêter les rayons du Soleil,
   Brave l'effort de la tempête.

Tout vous est Aquilon ; tout me semble Zéphyr.
Encor si vous naissiez à l'abri du feuillage
 Dont je couvre le voisinage,
 Vous n'auriez pas tant à souffrir :
 Je vous défendrais de l'orage ;
 Mais vous naissez le plus souvent
Sur les humides bords des Royaumes du vent.
La Nature envers vous me semble bien injuste.
— Votre compassion, lui répondit l'Arbuste,
Part d'un bon naturel ; mais quittez ce souci.
Les vents me sont moins qu'à vous redoutables.
Je plie, et ne romps pas. Vous avez jusqu'ici
 Contre leurs coups épouvantables
 Résisté sans courber le dos ;
Mais attendons la fin. » Comme il disait ces
        [mots,
Du bout de l'horizon accourt avec furie
 Le plus terrible des enfants
Que le Nord eût porté jusque-là dans ses flancs.
 L'Arbre tient bon ; le Roseau plie.
 Le vent redouble ses efforts,
 Et fait si bien qu'il déracine

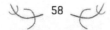

Celui de qui la tête au Ciel était voisine,
Et dont les pieds touchaient à l'Empire des
                                                    [Morts.

Livre I – Fable XXII

Le Renard
et la Cigogne

Compère le Renard se mit un jour en frais,
Et retint à dîner commère la Cigogne.
Le régal fut petit, et sans beaucoup d'apprêts ;
   Le Galant pour toute besogne
Avait un brouet clair (il vivait chichement).
Ce brouet fut par lui servi sur une assiette :
La Cigogne au long bec n'en put attraper
                         [miette ;
Et le Drôle eut lapé le tout en un moment.

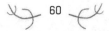

Pour se venger de cette tromperie,
À quelque temps de là la Cigogne le prie.
« Volontiers, lui dit-il, car avec mes amis
    Je ne fais point cérémonie. »
    À l'heure dite il courut au logis
    De la Cigogne son hôtesse,
    Loua très fort la politesse,
    Trouva le dîner cuit à point.
Bon appétit surtout ; Renards n'en manquent
                       [point.
Il se réjouissait à l'odeur de la viande
Mise en menus morceaux, et qu'il croyait
                     [friande.
    On servit, pour l'embarrasser,
En un vase à long col, et d'étroite embouchure.
Le bec de la Cigogne y pouvait bien passer,
Mais le museau du Sire était d'autre mesure.
Il lui fallut à jeun retourner au logis,
Honteux comme un Renard qu'une Poule aurait
                     [pris,
    Serrant la queue, et portant bas l'oreille.

Trompeurs, c'est pour vous que j'écris :
Attendez-vous à la pareille.

Livre I – Fable XVIII

L'Ours et les deux Compagnons

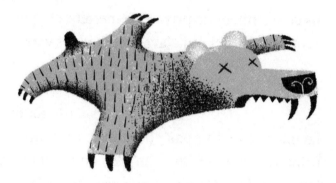

Deux Compagnons pressés d'argent
À leur voisin Fourreur vendirent
La peau d'un Ours encor vivant,
Mais qu'ils tueraient bientôt, du moins à ce
[qu'ils dirent.
C'était le Roi des Ours au compte de ces gens.
Le Marchand à sa peau devait faire fortune :
Elle garantirait des froids les plus cuisants,
On en pourrait fourrer plutôt deux robes qu'une.

Dindenaut prisait moins ses Moutons qu'eux
[leur Ours :
Leur, à leur compte, et non à celui de la Bête.
S'offrant de la livrer au plus tard dans deux
[jours,
Ils conviennent de prix, et se mettent en quête,
Trouvent l'Ours qui s'avance, et vient vers eux
[au trot ;
Voilà mes gens frappés comme d'un coup
[de foudre.
Le marché ne tint pas ; il fallut le résoudre :
D'intérêts contre l'Ours, on n'en dit pas un mot.
L'un des deux Compagnons grimpe au faîte
[d'un arbre.
L'autre, plus froid que n'est un marbre,
Se couche sur le nez, fait le mort, tient son vent,
Ayant quelque part ouï dire
Que l'Ours s'acharne peu souvent
Sur un corps qui ne vit, ne meut, ni ne respire.
Seigneur Ours, comme un sot, donna dans ce
[panneau.
Il voit ce corps gisant, le croit privé de vie,

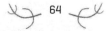

Et de peur de supercherie

Le tourne, le retourne, approche son museau,

    Flaire aux passages de l'haleine.

« C'est, dit-il, un cadavre ; ôtons-nous, car il

                    [sent. »

À ces mots, l'Ours s'en va dans la forêt

                    [prochaine.

L'un de nos deux Marchands de son arbre

                    [descend ;

Court à son Compagnon, lui dit que c'est

                    [merveille

Qu'il n'ait eu seulement que la peur pour tout

                    [mal.

« Eh bien, ajouta-t-il, la peau de l'animal ?

    Mais que t'a-t-il dit à l'oreille ?

    Car il s'approchait de bien près,

    Te retournant avec sa serre.

    — Il m'a dit qu'il ne faut jamais

Vendre la peau de l'Ours qu'on ne l'ait mis par

                    [terre. »

Livre V – Fable XX

Le Renard ayant la queue coupée

Un vieux Renard, mais des plus fins,
Grand croqueur de Poulets, grand preneur de
[Lapins,
Sentant son Renard d'une lieue,
Fut enfin au piège attrapé.
Par grand hasard en étant échappé,
Non pas franc, car pour gage il y laissa sa
[queue ;

S'étant, dis-je, sauvé sans queue, et tout
                                    [honteux,
Pour avoir des pareils (comme il était habile),
Un jour que les Renards tenaient conseil
                                    [entre eux :
« Que faisons-nous, dit-il, de ce poids
                                    [inutile,
Et qui va balayant tous les sentiers fangeux ?
Que nous sert cette queue ? Il faut qu'on se la
                                    [coupe :
  Si l'on me croit, chacun s'y résoudra.
— Votre avis est fort bon, dit quelqu'un de la
                                    [troupe ;
Mais tournez-vous, de grâce, et l'on vous
                                    [répondra. »
À ces mots il se fit une telle huée,
Que le pauvre Écourté ne put être entendu.
Prétendre ôter la queue eût été temps perdu :
  La mode en fut continuée.

Livre V – Fable V

L'Âne chargé d'éponges et l'Âne chargé de sel

Un Ânier, son Sceptre à la main,
Menait, en Empereur Romain,
Deux Coursiers à longues oreilles.
L'un d'éponges chargé marchait comme un
[courrier ;

Et l'autre se faisant prier

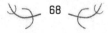

Portait, comme on dit, les bouteilles :
Sa charge était de sel. Nos gaillards Pèlerins,
   Par monts, par vaux et par chemins,
Au gué d'une rivière à la fin arrivèrent,
   Et fort empêchés se trouvèrent.
L'Ânier qui tous les jours traversait ce gué-là,
   Sur l'Âne à l'éponge monta,
   Chassant devant lui l'autre bête,
   Qui voulant en faire à sa tête,
   Dans un trou se précipita,
   Revint sur l'eau, puis échappa ;
   Car au bout de quelques nagées,
   Tout son sel se fondit si bien
   Que le Baudet ne sentit rien
   Sur ses épaules soulagées.
Camarade Épongier prit exemple sur lui,
Comme un Mouton qui va dessus la foi d'autrui.
Voilà mon Âne à l'eau : jusqu'au col il se plonge,
   Lui, le Conducteur, et l'éponge.
Tous trois burent d'autant : l'Ânier et le Grison
   Firent à l'éponge raison.
   Celle-ci devint si pesante,

Et de tant d'eau s'emplit d'abord,
Que l'Âne succombant ne put gagner le bord.
L'Ânier l'embrassait dans l'attente
D'une prompte et certaine mort.
Quelqu'un vint au secours : qui ce fut, il
[n'importe ;

C'est assez qu'on ait vu par là qu'il ne faut point
Agir chacun de même sorte.
J'en voulais venir à ce point.

Livre II – Fable X

Le Laboureur
et ses enfants

Travaillez, prenez de la peine :
C'est le fonds qui manque le moins.

Un riche Laboureur, sentant sa mort prochaine,
Fit venir ses enfants, leur parla sans témoins.
« Gardez-vous, leur dit-il, de vendre l'héritage
    Que nous ont laissé nos parents :
    Un trésor est caché dedans.
Je ne sais pas l'endroit ; mais un peu de courage

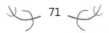

Vous le fera trouver : vous en viendrez à bout.
Remuez votre champ dès qu'on aura fait l'oût :
Creusez, fouillez, bêchez ; ne laissez nulle place
    Où la main ne passe et repasse. »
Le père mort, les fils vous retournent le champ,
Deçà, delà, partout : si bien qu'au bout de l'an
    Il en rapporta davantage.
D'argent, point de caché. Mais le père fut sage
    De leur montrer, avant sa mort,
    Que le travail est un trésor.

Livre V – Fable IX

Le Renard et le Bouc

Capitaine Renard allait de compagnie
Avec son ami Bouc des plus haut encornés.
Celui-ci ne voyait pas plus loin que son nez ;
L'autre était passé maître en fait de tromperie.
La soif les obligea de descendre en un puits.
    Là chacun d'eux se désaltère.
Après qu'abondamment tous deux en eurent
                        [pris,
Le Renard dit au Bouc : « Que ferons-nous,
                        [Compère ?

Ce n'est pas tout de boire, il faut sortir d'ici.
Lève tes pieds en haut, et tes cornes aussi :
Mets-les contre le mur. Le long de ton échine
 Je grimperai premièrement ;
 Puis sur tes cornes m'élevant,
 À l'aide de cette machine
 De ce lieu-ci je sortirai,
 Après quoi je t'en tirerai.
— Par ma barbe, dit l'autre, il est bon ; et je
            [loue
 Les gens bien sensés comme toi.
 Je n'aurais jamais, quant à moi,
 Trouvé ce secret, je l'avoue. »
Le Renard sort du puits, laisse son Compagnon,
 Et vous lui fait un beau sermon
 Pour l'exhorter à patience.
« Si le Ciel t'eût, dit-il, donné par excellence
Autant de jugement que de barbe au menton,
 Tu n'aurais pas, à la légère,
Descendu dans ce puits. Or adieu, j'en suis hors.
Tâche de t'en tirer, et fais tous tes efforts :

Car pour moi, j'ai certaine affaire
Qui ne me permet pas d'arrêter en chemin. »

En toute chose il faut considérer la fin.

Livre III – Fable V

Le Pot de terre
et le Pot de fer

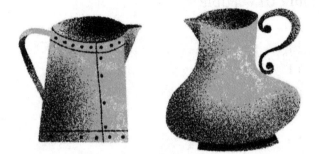

Le Pot de fer proposa
Au Pot de terre un voyage.
Celui-ci s'en excusa,
Disant qu'il ferait que sage
De garder le coin du feu :
Car il lui fallait si peu,
Si peu, que la moindre chose
De son débris serait cause.
Il n'en reviendrait morceau.

« Pour vous, dit-il, dont la peau
Est plus dure que la mienne,
Je ne vois rien qui vous tienne.
— Nous vous mettrons à couvert,
Repartit le Pot de fer.
Si quelque matière dure
Vous menace d'aventure,
Entre deux je passerai,
Et du coup vous sauverai. »
Cette offre le persuade.
Pot de fer son camarade
Se met droit à ses côtés.
Mes gens s'en vont à trois pieds,
Clopin-clopant comme ils peuvent,
L'un contre l'autre jetés,
Au moindre hoquet qu'ils treuvent.
Le Pot de terre en souffre ; il n'eut pas fait
                            [cent pas,
Que par son Compagnon il fut mis en éclats,
Sans qu'il eût lieu de se plaindre.

Ne nous associons qu'avecque nos égaux ;
  Ou bien il nous faudra craindre
  Le destin d'un de ces Pots.

Livre V – Fable II

L'Âne vêtu
de la peau du Lion

De la peau du Lion l'Âne s'étant vêtu,
   Était craint partout à la ronde ;
   Et bien qu'animal sans vertu,
   Il faisait trembler tout le monde.
Un petit bout d'oreille échappé par malheur
   Découvrit la fourbe et l'erreur :
   Martin fit alors son office.
Ceux qui ne savaient pas la ruse et la malice

S'étonnaient de voir que Martin
Chassât les lions au moulin.

Force gens font du bruit en France,
Par qui cet apologue est rendu familier.
Un équipage cavalier
Fait les trois quarts de leur vaillance.

Livre V – Fable XXI

Le Loup et le Chien

Un Loup n'avait que les os et la peau,
   Tant les chiens faisaient bonne garde.
Ce Loup rencontre un Dogue aussi puissant
                                 [que beau,
Gras, poli, qui s'était fourvoyé par mégarde.
   L'attaquer, le mettre en quartiers,
   Sire Loup l'eût fait volontiers.
   Mais il fallait livrer bataille,
   Et le Mâtin était de taille
   À se défendre hardiment.

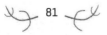

Le Loup donc l'aborde humblement,
Entre en propos, et lui fait compliment
　　Sur son embonpoint, qu'il admire.
　　« Il ne tiendra qu'à vous, beau Sire,
D'être aussi gras que moi, lui repartit le Chien.
　　Quittez les bois, vous ferez bien :
　　Vos pareils y sont misérables,
　　Cancres, haires, et pauvres diables,
Dont la condition est de mourir de faim.
Car quoi ? Rien d'assuré : point de franche
　　　　　　　　　　　　　　[lippée :
　　Tout à la pointe de l'épée.
Suivez-moi ; vous aurez un bien meilleur
　　　　　　　　　　　　　[destin. »
Le Loup reprit : « Que me faudra-t-il faire ?
Presque rien, dit le Chien : donner la chasse
　　　　　　　　　　　　　[aux gens
　　Portant bâtons, et mendiants ;
Flatter ceux du logis, à son Maître complaire ;
　　Moyennant quoi votre salaire
Sera force reliefs de toutes les façons :
　　Os de poulets, os de pigeons,

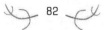

Sans parler de mainte caresse. »
Le Loup déjà se forge une félicité
    Qui le fait pleurer de tendresse.
Chemin faisant il vit le col du Chien, pelé :
« Qu'est-ce là ? lui dit-il. — Rien. — Quoi ?
                        [rien ? — Peu de chose.
— Mais encor ? — Le collier dont je suis attaché
De ce que vous voyez est peut-être la cause.
— Attaché ? dit le Loup : vous ne courez donc
                                    [pas
    Où vous voulez ? — Pas toujours, mais
                            [qu'importe ?
— Il importe si bien, que de tous vos repas
    Je ne veux en aucune sorte,
Et ne voudrais pas même à ce prix un trésor. »
Cela dit, maître Loup s'enfuit, et court encor.

Livre I – Fable V

Le petit Poisson
et le Pêcheur

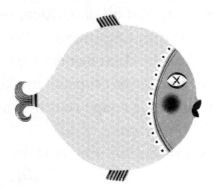

Petit Poisson deviendra grand,
Pourvu que Dieu lui prête vie.
Mais le lâcher en attendant,
Je tiens pour moi que c'est folie ;
Car de le rattraper il n'est pas trop certain.

Un Carpeau qui n'était encore que fretin
Fut pris par un Pêcheur au bord d'une rivière.

« Tout fait nombre, dit l'homme en voyant
                              [son butin ;
Voilà commencement de chère et de festin :
   Mettons-le en notre gibecière. »
Le pauvre Carpillon lui fit en sa manière :
« Que ferez-vous de moi ? je ne saurais fournir
   Au plus qu'une demi-bouchée ;
   Laissez-moi Carpe devenir :
   Je serai par vous repêchée.
Quelques gros Partisan m'achètera bien cher,
   Au lieu qu'il vous en faut chercher
   Peut-être encor cent de ma taille
Pour faire un plat. Quel plat ? croyez-moi ;
                            [rien qui vaille.
— Rien qui vaille ? Eh bien soit, repartit le
                              [Pêcheur ;
Poisson, mon bel ami, qui faites le Prêcheur,
Vous irez dans la poêle ; et vous avez beau dire,
   Dès ce soir on vous fera frire. »

Un Tiens vaut, ce dit-on, mieux que deux
                              [Tu l'auras :
L'un est sûr, l'autre ne l'est pas.

Livre V – Fable III

Le Coq
et le Renard

Sur la branche d'un arbre était en sentinelle
 Un vieux Coq adroit et matois.
« Frère, dit un Renard, adoucissant sa voix,
 Nous ne sommes plus en querelle :
 Paix générale cette fois.
Je viens te l'annoncer, descends, que je
                                    [t'embrasse.
 Ne me retarde point, de grâce :

Je dois faire aujourd'hui vingt postes sans
[manquer.
Les tiens et toi pouvez vaquer
Sans nulle crainte à vos affaires ;
Nous vous y servirons en frères.
Faites-en les feux dès ce soir,
Et cependant, viens recevoir
Le baiser d'amour fraternelle.
— Ami, reprit le Coq, je ne pouvais jamais
Apprendre une plus douce et meilleure nouvelle
Que celle
De cette paix ;
Et ce m'est une double joie
De la tenir de toi. Je vois deux Lévriers,
Qui, je m'assure, sont courriers
Que pour ce sujet on envoie.
Ils vont vite et seront dans un moment à nous
Je descends : nous pourrons nous entre-baiser
[tous.
— Adieu, dit le Renard, ma traite est longue
[à faire,
Nous nous réjouirons du succès de l'affaire

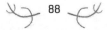

Une autre fois. » Le Galand aussitôt
Tire ses grègues, gagne au haut,
Mal content de son stratagème.
Et notre vieux Coq en soi-même
Se mit à rire de sa peur ;
Car c'est double plaisir de tromper le trompeur.

Livre II – Fable XV

Le Loup et l'Agneau

La raison du plus fort est toujours la meilleure :
  Nous l'allons montrer tout à l'heure.

  Un Agneau se désaltérait
  Dans le courant d'une onde pure.
Un Loup survient à jeun qui cherchait aventure,
  Et que la faim en ces lieux attirait.
« Qui te rend si hardi de troubler mon
                              [breuvage ?

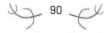

Dit cet animal plein de rage :
Tu seras châtié de ta témérité.
— Sire, répond l'Agneau, que Votre Majesté
Ne se mette pas en colère ;
Mais plutôt qu'elle considère
Que je me vas désaltérant
Dans le courant,
Plus de vingt pas en-dessous d'Elle,
Et que par conséquent, en aucune façon,
Je ne puis troubler sa boisson.
— Tu la troubles, reprit cette Bête cruelle,
Et je sais que de moi tu médis l'an passé.
— Comment l'aurais-je fait si je n'étais pas né ?
Reprit l'Agneau ; je tette encor ma mère.
— Si ce n'est toi, c'est donc ton frère.
— Je n'en ai point. – C'est donc quelqu'un
                            [des tiens :
Car vous ne m'épargnez guère,
Vous, vos Bergers, et vos Chiens.
On me l'a dit : il faut que je me venge. »
Là-dessus, au fond des forêts

Le Loup l'emporte, et puis le mange,
Sans autre forme de procès.

Livre I – Fable X

Les deux Mulets

Deux Mulets cheminaient, l'un d'avoine
[chargé,
L'autre portant l'argent de la gabelle.
Celui-ci, glorieux d'une charge si belle,
N'eût voulu pour beaucoup en être soulagé.
Il marchait d'un pas relevé,
Et faisait sonner sa sonnette ;
Quand, l'ennemi se présentant,
Comme il en voulait à l'argent,
Sur le Mulet du fisc une troupe se jette,

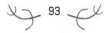

Le saisit au frein et l'arrête.
Le Mulet, en se défendant,
Se sent percé de coups ; il gémit, il soupire.
« Est-ce donc là, dit-il, ce qu'on m'avait
[promis ?
Ce Mulet qui me suit du danger se retire ;
Et moi j'y tombe, et je péris !
— Ami, lui dit son Camarade,
Il n'est pas toujours bon d'avoir un haut
[emploi :
Si tu n'avais servi qu'un Meunier, comme moi,
Tu ne serais pas si malade. »

Livre I – Fable IV

Le Loup
devenu Berger

Un Loup, qui commençait d'avoir petite part
    Aux Brebis de son voisinage,
Crut qu'il fallait s'aider de la peau du Renard,
    Et faire un nouveau personnage.
Il s'habille en Berger, endosse un hoqueton,
    Fait sa houlette d'un bâton,
    Sans oublier la cornemuse.
    Pour pousser jusqu'au bout la ruse,
Il aurait volontiers écrit sur son chapeau :

« C'est moi qui suis Guillot, Berger de ce
[troupeau. »
Sa personne étant ainsi faite,
Et ses pieds de devant posés sur sa houlette,
Guillot le sycophante approche doucement.
Guillot le vrai Guillot, étendu sur l'herbette,
Dormait alors profondément.
Son Chien dormait aussi, comme aussi sa
[musette ;
La plupart des Brebis dormaient pareillement.
L'Hypocrite les laissa faire,
Et pour pouvoir mener vers son fort les Brebis,
Il voulut ajouter la parole aux habits,
Chose qu'il croyait nécessaire.
Mais cela gâta son affaire,
Il ne put du Pasteur contrefaire la voix.
Le ton dont il parla fit retentir les bois,
Et découvrit tout le mystère.
Chacun se réveille à ce son,
Les Brebis, le Chien, le Garçon.
Le pauvre Loup dans cet esclandre,
Empêché par son hoqueton,

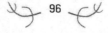

Ne put ni fuir ni se défendre.
Toujours par quelque endroit fourbes se laissent
[prendre
Quiconque est Loup agisse en Loup :
C'est le plus certain de beaucoup.

Livre III, Fable III

Pour en savoir plus

Monsieur de La Fontaine, qui êtes-vous ?

Né en 1621 en Champagne, Jean de La Fontaine est un écrivain français, auteur de contes et de fables célèbres. Il est l'une des figures majeures de la vie mondaine et intellectuelle du XVIIe siècle.

Après des études de droit, il devient avocat au Parlement en 1649, puis reprend trois ans plus tard la charge de maître des eaux et forêts transmise par son père. Mais sa situation financière est fragilisée par son caractère excessivement dépensier. Après s'être séparé de son épouse, leur union n'étant pas heureuse, il s'installe à Paris où il fait la connaissance de Fouquet, le puissant ministre des Finances, qui devient son mécène. Ce dernier, protecteur de Molière éga-

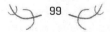

99

lement, avait rassemblé autour de lui toute une cour raffinée et avait fait construire, grâce à son immense fortune, le splendide château de Vaux-le-Vicomte, près de Paris. La Fontaine commence alors la rédaction du *Songe de Vaux*, un récit poétique qui restera inachevé.

Lorsque Fouquet, sur les ordres du jeune roi Louis XIV, est arrêté, accusé de dépenser l'argent de l'État et emprisonné, La Fontaine tente d'intervenir en faveur de son protecteur en écrivant l'*Ode au Roi pour M. Fouquet*. Mais c'est en vain, car ce dernier est condamné à la perpétuité. Jean de La Fontaine comprend bien que « La raison du plus fort est toujours la meilleure » et décide alors, par prudence, de s'éloigner de Paris. Il se retire un certain temps dans le Limousin.

En 1665, de retour à Paris, il y mène une vie galante, libertine et fastueuse jusqu'en 1692, tout en se consacrant à l'écriture de ses *Contes*, puis de ses *Fables*, sous la protection de personnes influentes : la duchesse douairière d'Orléans,

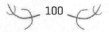

puis Mme de la Sablière qui deviendra son amie intime, enfin d'Hervart, conseiller au parlement de Paris. Pendant toute cette période, il croise ou côtoie les grands écrivains de cette époque : Mme de Sévigné, Boileau, Molière, Racine, Perrault, La Rochefoucauld... Il participe à la querelle des Anciens et des Modernes aux côtés de Boileau et de La Bruyère en faveur de l'imitation des auteurs de l'Antiquité. Il entre à l'Académie française en 1683.

La fin de sa vie est marquée par un retour à la piété. Malade et bouleversé par la mort de son amie Mme de la Sablière, il se convertit, renie ses *Contes*, grivois et libertins, et se tourne vers la poésie religieuse jusqu'à sa mort, en 1695.

La fable, un genre littéraire et divertissant

La fable, qu'elle soit animalière ou non, fait partie du genre de l'apologue, hérité de l'Antiquité. C'est un petit récit, en prose ou en vers, qui contient un enseignement moral ou

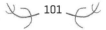

philosophique, ou tout simplement une leçon de sagesse. Le récit met en scène, de façon très structurée, des personnages symboliques (animaux, humains ou créatures merveilleuses) dont les péripéties illustrent l'enseignement que l'auteur veut transmettre. Parmi les principales formes de l'apologue, on trouve les fables, mais aussi les contes de fées, les contes philosophiques ou les paraboles.

La fable divertit tout en instruisant. L'intention de l'auteur est clairement didactique. L'anecdote, souvent alerte et plaisante, illustre une moralité le plus souvent explicite, détachée au début ou à la fin de la fable. Mais l'enseignement peut également être implicite, c'est-à-dire qu'il n'est pas clairement exprimé et que c'est au lecteur de le trouver à partir de l'histoire qui est racontée. La leçon de sagesse peut aussi être donnée à l'intérieur du récit, dans les dialogues, et dans ce cas, c'est un des personnages qui se fait le porte-parole du fabuliste, grâce au discours direct. Dans les fables animalières les plus connues, les animaux représentent toujours des comportements humains.

L'écriture des *Fables,* un vaste projet

Quand Jean de La Fontaine a commencé à écrire ses premières fables pour le public mondain et galant qui fréquentait les salons, très prisés sous le règne de Louis XIV, ce genre littéraire n'était qu'un genre mineur, réservé aux exercices scolaires. La fable remontait en effet à l'Antiquité et, depuis les humanistes de la Renaissance, les fables héritées du Grec Ésope et de son imitateur latin, Phèdre, appartenaient à la tradition scolaire, servant à enseigner la grammaire latine, l'expression écrite ou les bases de la morale. Au XVIIᵉ siècle, en réécrivant ces fables à partir de sources anciennes, Jean de La Fontaine, grâce à la fantaisie de son écriture, va donner à ce genre considéré comme « mineur » toutes ses lettres de noblesse.

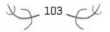

L'écriture des *Fables* s'échelonne sur de nombreuses années. La première édition paraît en 1668 (livres I à VI) ; la dernière, en 1696, sera une édition posthume. C'est un vaste projet : en tout, douze livres de fables regroupés en trois recueils. Entre le premier et le douzième livre, l'œuvre s'enrichit de la maturité de l'auteur, de son évolution personnelle et de questionnements philosophiques approfondis. L'ensemble peut parfois paraître hétéroclite, mais il trouve son unité dans la singularité de l'auteur et dans son style si personnel. Certains fils conducteurs sont visibles. D'un livre à l'autre, il existe des variations autour de thèmes récurrents : la dénonciation de la cruauté humaine, la nature animale de l'homme prisonnier de ses vices, la nécessité d'une prudence avisée, l'éloge de l'intelligence sous toutes ses formes, la recherche du bonheur.

Pour ses trois recueils, La Fontaine a choisi des protecteurs puissants à qui il dédicace de façon élogieuse ses œuvres, se mettant ainsi à l'abri de la censure : le premier recueil (1668) est dédié au Dauphin Louis, âgé de six ans ; le second (livres VII à XI), publié en 1678, est offert à Mme de Montespan ; le dernier, constitué du livre XII, paraît en 1693 et il est dédié au duc de Bourgogne, petit-fils de Louis XIV.

Dès le premier recueil, La Fontaine rend un vif hommage à Ésope le Phrygien (VII-VIᵉ av. J.-C.) dont il s'est abondamment inspiré : « Je chante les héros dont Ésope est le Père... » Parmi ses sources, on trouve également les apologues des poètes latins Horace et Phèdre, ainsi que des fables orientales, comme celles du célèbre brahmane Pilpay. Mais il ne faut pas oublier que les souvenirs du milieu rural de sa Champagne natale l'ont aussi considérablement influencé.

L'originalité de La Fontaine

Jean de La Fontaine, auteur classique favorable à l'imitation des Anciens, c'est-à-dire des artistes de l'Antiquité, est aussi un écrivain attaché à la liberté et la créativité. Pour lui, l'imitation « n'est

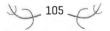

point un esclavage ». Il va donc renouveler la fable animalière en la mettant au goût des courtisans mondains de son époque, désireux d'un renouveau artistique et d'une littérature à la fois raffinée et édifiante. Cette originalité, qui a pérennisé le succès de ses trois recueils de *Fables*, se manifeste par des choix d'écriture très personnels.

Le choix d'une versification diversifiée

La langue poétique renouvelle avec bonheur le genre de la fable. Elle crée un rythme dynamique et plaisant. L'alternance des vers courts et longs (octosyllabes et alexandrins le plus souvent), ou encore l'introduction de vers impairs, créent des variations de rythme, toujours en accord avec la signification du texte et les émotions recherchées. De plus, l'auteur joue avec les rimes et propose des échos sonores qui mettent en valeur le sens de la fable.

Le choix de registres variés

La Fontaine puise dans les autres genres littéraires pour offrir à ses fables toute une palette de nuances : dans « Le Chat, la Belette et le petit Lapin », par exemple, on passe de la parodie du genre épique, à travers le lexique de la guerre, au registre tragique, avec le retournement de situation et la mort de la belette et du petit lapin. La Fontaine en profite pour faire une critique de la justice. Certaines fables sont de petites comédies (« Le Renard et la Cigogne »), d'autres sont plus lyriques (« La Colombe et la Fourmi »), pathétiques ou franchement satiriques (« La Fille »). Le mérite du fabuliste est d'avoir opté pour différentes tonalités, ce qui permet au lecteur de ne pas s'ennuyer.

Le choix de la liberté

Une des grandes caractéristiques de l'œuvre de La Fontaine, c'est la liberté laissée au lecteur, avec lequel l'auteur crée une complicité permanente. En effet, le tour de force du fabuliste est

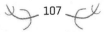

d'avoir construit chacune de ses fables comme une énigme à déchiffrer, et cela même lorsque « l'âme » de la fable, c'est-à-dire la moralité, est clairement exprimée. Les fables contiennent le plus souvent plusieurs moralités. Le sens n'est jamais figé. Les significations multiples sont à construire par chaque lecteur.

Un style très personnel

Dans les fables de La Fontaine, les animaux ou les végétaux s'expriment dans une langue poétique et magique, où se mêlent références savantes et expressions populaires. L'auteur a su créer toute une mythologie qui lui est propre : le Chêne arrogant, l'humble Roseau, Perrette et ses rêves, le Renard toujours rusé ou l'insouciante Cigale constituent un ensemble de personnages qui sont entrés pour longtemps dans la conscience collective. Grâce à des portraits pittoresques, des récits alertes et efficaces, un style savoureux émaillé de pointes d'humour, La Fontaine communique à ses lecteurs tout le plaisir qu'il

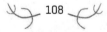

a pris à écrire ses fables. Si un certain pessimisme est parfois sensible, nous invitant à la prudence, ce sont surtout sa joie de vivre et son épicurisme qui dominent, encourageant les lecteurs de toutes les époques au bon sens et à la préservation de la vie, afin d'en jouir pleinement.

Jouons un peu dans l'univers des *Fables*...

Vérifions nos connaissances en répondant aux questions :

1. À quelle époque et sous quel règne La Fontaine a-t-il écrit et publié ses *Fables* ?

2. Comment s'appelait le premier mécène de La Fontaine ? Pourquoi cet homme puissant a-t-il été arrêté et emprisonné ? Comment La Fontaine a-t-il réagi après son arrestation ?

3. Comment s'appellent les auteurs antiques dont La Fontaine s'est inspiré pour écrire ses *Fables* ?

4. Quels sont les choix de La Fontaine qui font l'originalité de ses *Fables* ?

Vrai ou faux ?

1. La Cigale demande à la Fourmi de l'héberger pour l'hiver.

2. Le Renard fait des compliments au Corbeau pour lui voler son fromage.

3. Le Lièvre, grâce à sa rapidité, gagne la course contre la Tortue.

4. Après avoir rendu fou le Lion en le piquant, le Moucheron est avalé par une hirondelle.

5. La Grenouille, envieuse, veut devenir aussi grosse que l'Éléphant.

6. Le Rat des champs préfère manger tranquillement chez lui plutôt que de terminer son festin chez le Rat de ville.

7. Le Héron, affamé, finit par avaler un petit Goujon.

8. La Tortue, transportée par les deux Canards, fait le tour du monde en volant.

9. La Mouche, en bourdonnant, réussit toute seule à faire avancer le Coche tiré par six chevaux.

10. Le Chat Raminagrobis finit par avaler la Belette et le petit Lapin.

Un récit plaisant et bien structuré...

Pour chacune des fables suivantes, remets dans le bon ordre les étapes de l'anecdote racontée.

« Le Chat, la Belette et le petit Lapin »

1. La Belette propose au Lapin de prendre le Chat comme arbitre.
2. Dame Belette s'empare un matin du terrier d'un petit Lapin.
3. La Belette refuse de rendre son terrier au Lapin et conteste avec lui.
4. Le Chat Raminagrobis met les plaideurs d'accord en les avalant tous les deux.
5. Janot Lapin revient chez lui après avoir brouté.
6. Le Lapin accepte le Chat comme juge.

« Le Loup et le Chien »

1. Le Chien vante les mérites de sa condition : il suffit de plaire à son maître pour être bien nourri.
2. Un Loup maigre et affamé rencontre un Chien puissant et gras.
3. Le Loup découvre le cou du Chien tout abîmé.
4. Le Loup s'enfuit parce qu'il préfère rester libre.
5. Le Chien explique au Loup qu'il porte un collier.
6. Le Loup ne veut pas se battre avec le Chien et lui fait des compliments.

« Le Lion et le Moucheron »

1. Le Lion exténué est à terre, vaincu par l'insecte.
2. Le Moucheron déclare alors la guerre au Lion.
3. Le Moucheron victorieux tombe dans une toile d'araignée et meurt.
4. Le Lion commence par mépriser et insulter le Moucheron.
5. Attaqué par le Moucheron, le Lion se griffe lui-même jusqu'au sang.
6. Le petit insecte s'acharne sur le Lion, lui piquant le dos et le museau.

Des animaux aux comportements humains.

Pour chacun des animaux suivants, retrouve une fable dans laquelle il est un personnage. Puis choisis, si possible dans la liste proposée, des adjectifs qui permettent de qualifier le caractère humain qui lui correspond.

- Animaux : La Fourmi ; Le Lièvre ; La Mouche ; La Colombe ; le Moucheron ; le petit Poisson ; l'Âne ; le Renard ; la Tortue ; le Lion ; le Héron.

- Adjectifs : susceptible ; courageux (se) ; fourbe ; prétentieux (se) ; économe ; amical (e) ; avare ;

agressif (ive) ; rapide ; rusé(e) ; imprudent(e) ; orgueilleux (se) ; insensé(e) ; charitable ; généreux(se) ; insatisfait(e) ; méprisant(e) ; hypocrite ; téméraire ; bagarreur...

La moralité des fables...

Pour chacune des leçons de sagesse suivantes, qui ont été déduites des récits de La Fontaine, quelle est la fable concernée ?

- Parmi nos ennemis, les plus petits sont souvent ceux dont il faut se méfier.
- La sécurité vaut mieux que tous les grands festins.
- Il faut apprendre à se contenter de ce que l'on a. Quand on est trop difficile, on peut tout perdre.
- La vaine curiosité et l'imprudence conduisent à la bêtise.
- L'avarice peut conduire à la pauvreté.
- La liberté vaut mieux que le confort et la nourriture abondante.
- Il faut être sage et prudent pour rester en vie.
- Le vrai trésor, c'est le travail.

À ta plume d'écrivain !

Choisis une moralité qui te plaît et compose à ton tour une petite fable pour l'illustrer.

TABLE DES MATIÈRES

Castor Poche

Des romans pour les grands

TITRES DÉJÀ PARUS

Castor Poche

Le Chat botté et autres contes

CHARLES PERRAULT

« Un meunier ne laissa pour tous biens à ses trois enfants que son moulin, son âne et son chat. Le plus jeune n'eut que le chat. Ce dernier ne pouvait se consoler d'avoir un si pauvre lot. »

La Belle au bois dormant, *Le Petit Chaperon rouge*, *La Barbe bleue*, *Le Maître chat ou le Chat botté*, *Les Fées*, *Cendrillon ou la petite pantoufle de verre*, *Riquet à la houppe*, *Le Petit Poucet* et *Peau d'Âne*. Les célèbres contes de Charles Perrault instruisent toujours autant qu'ils émerveillent et amusent.

Castor Poche

19 fables de Renard

JEAN MUZI

« – *Si je savais où trouver quelqu'un d'assez fort pour neutraliser Renard, dit le paysan, je n'hésiterais pas à traverser la mer pour aller le chercher. Il faut se rendre à l'évidence : nul n'est aussi rusé que lui.* »

Que ce soit pour croquer le Coq ou le Corbeau ou bien pour jouer des tours au Loup, au Lion ou à la Panthère, Renard trouve presque toujours un stratagème pour parvenir à ses fins. Mais il lui arrive parfois d'être pris à son propre piège... Dans ces fables issues des littératures orales d'Afrique, d'Asie ou d'Europe, Renard est partout un héros populaire, dont les ruses amusent autant qu'elles enseignent une morale.

Castor Poche

19 fables
du roi lion

JEAN MUZI

« Il était une fois un Lion qui régnait sur une immense forêt. Nul n'osait l'affronter ou simplement croiser son regard, tant il était redoutable. Il se croyait invincible et n'imaginait pas qu'il pût rencontrer plus fort que lui. »

Jusqu'à preuve du contraire !
Ces dix-neuf fables issues des littératures d'Asie, d'Afrique et d'Europe mettent en effet en scène un lion peu fidèle à son image habituelle : il y est tour à tour peureux, lâche ou ridiculisé par des animaux beaucoup plus faibles que lui...

Castor Poche

10 histoires de diable

NATALIE BABITT

« Un jour qu'il s'ennuyait au fond de son Enfer, le Diable alla fouiller dans son sac à malices. Il se changea en marraine-fée et vint faire un tour sur cette terre, bien décidé à s'y trouver quelque pauvre âme à tourmenter. »

Mais toutes ses victimes ne sont pas si faciles à tenter... et la fumée finit bien souvent par lui sortir du nez ! Même au sein de son Enfer, les diablotins n'en font qu'à leur tête. Dans ces dix histoires diablement amusantes, le Malin a parfois bien des difficultés à tenir sa mauvaise réputation...

Castor Poche

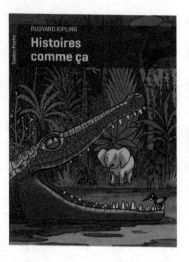

Histoires comme ça

RUDYARD KIPLING

« L'Enfant d'Éléphant s'agenouilla sur la berge et dit :
– Voudriez-vous, s'il vous plaît, me dire ce que vous mangez pour dîner ?
– Viens çà, petit, dit le Crocodile, et je vais te le dire à l'oreille. »

Qui aurait cru que c'est à cause de l'insatiable curiosité d'un petit éléphant que les pachydermes ont une trompe ? Que d'incroyables mésaventures ont donné leurs taches aux léopards et leur bosse aux chameaux ?
Dans ces douze contes illustrés par Kipling lui-même, l'auteur imagine, sur un ton drôle et tendre, comment était le monde à son commencement.

Castor Poche

Le magicien d'Oz

L. FRANK BAUM

« – *Dans les pays civilisés, il ne reste plus de sorcières, ni de magiciens, ni d'enchanteresses, ni d'enchanteurs. Mais voyez-vous, le pays d'Oz n'a jamais été civilisé. C'est pourquoi il existe encore des sorcières et des magiciens parmi nous.* »

Dorothée et son chien Toto basculent un jour de tempête dans le pays d'Oz. Dans cette étrange contrée, les sorcières ressemblent à des fées, les arbres sont doués de parole et les rêves les plus fous se réalisent. À condition, bien sûr, de les formuler devant le grand magicien d'Oz. Se lançant à la recherche du mystérieux personnage, la fillette croise en chemin l'Épouvantail, le Bûcheronen-fer-blanc et le Lion poltron, qui ont eux aussi une demande de la plus haute importance à présenter...

Castor Poche

Imprimé à Barcelone par:

BLACK PRINT

Dépôt légal : août 2012
N° d'édition : L.01EJEN000808.N001
Loi n° 49-956 du 16 juillet 1949
sur les publications destinées à la jeunesse